Tchaikovski Hoth da Costa Porto (Tchai Hoth)

Superando o Luto

Tchaikovski Hoth da Costa Porto (Tchai Hoth)

Superando o Luto

Entristecidos pela saudade; Consolados pela Esperança

CREDO EDICIONES

Imprint

Cover image: www.ingimage.com

Publisher:
CREDO EDICIONES
ist ein Imprint der / is a trademark of
International Book Market Service Ltd., member of OmniScriptum Publishing Group
17 Meldrum Street, Beau Bassin 71504, Mauritius

Printed at: see last page
ISBN: 978-613-1-36425-9

Superando o
Luto
"Alegra-se pois o meu coração..."
Tchai Hoth
luz para a Vida!

Pelo mesmo autor

■

Surpreendidos pelo Amor de Deus.
(https://luzpvida.blogspot.com.br/)

Vencendo a Ansiedade.
(https://luzpvida.blogspot.com.br/)

O Grilo e a Esperança.
(https://luzpvida.blogspot.com.br/)

Curso de Discipulado: Nível 1, 2, 3.
(em breve)

Comunicação: A Arte de Transformar Luz em Voz.
(em breve)

Batismo Infantil: Não faça tempestades em copo d'água
(em breve)

Família transformada. De água em Vinho.
(em breve)

Título original * *Entristecidos pelas saudades; consolados pela esperança,*
2.ª edição publicada pelo blog
Luz para Vida
(Alto Caparaó, Minas Gerais, Br.)

■

■

Todas as citações bíblicas foram extraídas da *Edição Revista e Atualizada* (RA), © 2009, publicada pela Sociedade Bíblica do Brasil,Salvo indicação em contrário.

Arte e diagramação: *Tchaikovski Hoth da Costa Porto*

Revisão: *Gustavo Tavares Cezar*

2.ª EDIÇÃO REVISADA

Tchai Hoth

"Alegra-se, pois, o meu coração, e o meu espírito exulta; até o meu corpo repousará seguro." (Salmo 16.9).

Sumário:

Dedicatória:

À memória de meu amado pai Roberto Batista Porto e todos os queridos parentes e amigos que se foram, por enquanto. E que ainda continuam vivos dentro de cada um de nós.

Prefácio:

Este livro nasce da necessidade de conversar sobre o assunto “a universalidade do luto”. Quando se perde alguém muito especial e amado, nuvens sombrias, carregadas de tristeza desabam sobre nós num dilúvio de dor.

O luto se converte num rio de lágrimas cruzando nossos pobres corações arrastando nossos mais ricos planos e sonhos. Remexe o leito de nossas almas, revirando nossas mentes num turbilhão de medos, incertezas, abandono, solidões, ausências...

O que fazer quando não sabemos mais o que fazer? Como lidar com essas emoções mais que perturbadoras? Em que podemos nos agarrar nessas corredeiras indomáveis que nos lançam contra as pontiagudas rochas das saudades?

Precisamos falar sobre isso. Tocar nesse assunto é o papel deste livro como uma mão estendida ao leitor, para que segure ao passar por ela e seja trazido para a segurança da margem, onde possa ficar de pé, encharcado, porém protegido.

Essas corredeiras que passam por nós, não precisam nos levar com elas, pois suas águas podem regar em nós uma nova vida: consolada e frutífera. Mesmo que entristecidos pelas saudades, o livro fala do conforto que nasce da esperança.

Introdução: As Surpresas da Vida.

A primeira vez que expus esse material foi no Seminário Teológico Denoel Nicodemos Eller, no meu sermão de provas, disciplina "Prática de Pregação IV", sob os cuidados do saudoso mestre Rev. Sebastião Guimarães, para a amada turma de 2004.

Havia ali mais de cinquenta seminaristas. Então iniciei a minha palavra pedindo a um seminarista amigo nosso que nos elevasse a Deus numa palavra de oração, e todos curvaram suas frontes para orar, mas nenhuma voz foi ouvida, pois o seminarista Adilson não estava lá.

Aí, chamei à frente três pessoas queridas, para participarem do serviço, cantando um Hino, mas ninguém se moveu: as pessoas que chamei também não estavam lá.

Então pedi a meu pai que ficasse em pé, queria apresentá-lo aos meus amigos presentes, mas ninguém ficou em pé. Meu pai também não estava lá.

Foi quando o riso tomou conta do auditório. Alguns riam discretamente, outros a gargalhadas. Parecia que meu sermão de provas se tornaria um desastre.

A situação estava fora de controle até que revelei minhas reais intenções dizendo a todos nós: "Meus queridos, tudo isso até seria cômico se não fosse trágico!".

Pois todas estas pessoas que convidei aqui, inclusive meu pai, não poderiam jamais atender as minhas solicitações, pois elas já não estão entre nós: morreram!

Neste enorme campo de batalha chamado "Existência" foram duramente alvejadas pelo adversário, nosso último inimigo a ser vencido: a própria morte.[1]

De repente um silêncio fúnebre tomou conta daquele salão, naquele auditório, todos nós ficamos consternados. E continuei dizendo: A vida é assim mesmo - surpreendente!

---

[1] *"O último inimigo a ser destruído é a morte". (1 Coríntios 15.26)*

1) Seria Cômico se não Fosse Trágico

E o que restou após o luto? Senão a luta e a loteria da vida, quando contamos com a sorte para não sermos contemplados, pois neste jogo, quem ganha, aparentemente perde. Realmente até seria engraçado se não fosse triste!

Há duas coisas nesta vida que são muito certas. Igualmente marcantes como bem disse o sábio rei Salomão: "há tempo de nascer; há tempo de morrer" (cf. Ec 3.2).

Até sabemos o dia de nosso nascimento, mas não sabemos o dia de nosso fim. Quando nascemos fazem uma grande festa para nós; quando morremos deixamos uma imensa fresta (rachadura) para eles.

Quando nascemos choramos; quando morremos: choram por nós. Quando nascemos perguntam: será rosa ou azul? Mas quando morremos ninguém tem dúvida: é preto, é roxo.

Ao chegarmos somos cumprimentados; mas ao partimos nos "comprimentam", à palmos tiram nossas medidas para ver se vamos caber no caixão.

Quando alguém chega damos saudações; quando alguém parte: saudades. Um começa num parto, o outro numa partida.

Por duas mãos chegamos, por seis mãos partiremos como bem diz um ditado africano: *"Veio pelas mãos, voltará pelas mãos"*.[2] E descreve a nossa dependência uns dos outros de outros. Pelas mãos dos outros fomos trazidos; pelas mãos de outros seremos levados. São olhos que se abrem, são olhos que se fecham.

Todos os dias nasce gente e nós sempre surpresos. Todos os dias morre gente e nós nunca acostumados. Eis a dura realidade da vida que até seria engraçada se não fosse triste. Seria cômico se não fosse trágico.

---

[2] Citado pelo seminarista Seco Jau, de Guiné-bissau, estudante de teologia matriculado em 1999: *"Netdó ko djudé ari re djudé rotta"*, ditado Africano, dialeto Fula.

2) Um Cântico de Esperança:

Contudo e sobretudo, não é isto o que mais me impressiona nesta vida, e sim a maravilhosa habilidade de Deus, capaz de construir das cinzas da antiga tragédia, novas e esplêndidas edificações.

É nesta habilidade de Deus que estamos confiados, portanto, ainda que sejamos entristecidos pela saudade, certamente seremos consolados pela esperança.

O Salmista Davi foi um destes homens à beira da tragédia, que pela maravilhosa graça de Deus, mantinha acesa em seu coração a chama da esperança: *"Guarda-me, ó Deus, porque em Ti me refúgio"*, foram as primeiras palavras do Salmo 16.

Um Salmo que bem poderia ser intitulado por: "A confiança em Deus em face da adversidade". Com dois subtítulos:

I - Assim como Davi confiou no Senhor como sua porção nesta vida (vv 1-8);

II – Davi também confiara no Senhor para preservá-lo na morte (vv 9-11).

3) Uma Luta pela Vida:

A morte constantemente rodeava a alma de Davi. Quer defendendo os rebanhos de seu pai contra ursos, lobos e leões; ou quando defendia o rebanho de Deus, pelejando contra os filisteus, filhos e próprias falhas.

Quer derrubando o gigante Golias; ou caindo diante da pequena Bate-Seba. Perseguido por Saul, ou por si mesmo, suas próprias paixões, lá estava o salmista lutando pela vida.

Eis um homem com muitos inimigos, porém Davi era amigo de Deus. E é esta amizade que nutria profundamente a sua alma, a sua mente, o seu coração, elevando assim a sua confissão ao extremo da fé:

"Alegra-se, pois, o meu coração, e o meu espírito Exulta; até o meu corpo repousará seguro. Pois [tu ó Deus] não deixarás a minha alma na morte...". (v 9-10a).

4) Maravilhosa Fé:

Mesmo que Davi também fosse alvejado pelos dardos da morte e seu corpo fosse levado ao Sheol, ao Hades, às regiões inferiores, sua esperança permaneceu "insepultável", pois fora colocada no mais alto dos degraus, depositada num futuro glorioso, numa visão esplêndida como ele mesmo escreveu: *"[Deus] não permitirás que o teu Santo veja corrupção" (Sl 16.10).*

Neste momento Davi não falava de si mesmo, pois este Salmo é um Salmo Profético, Messiânico, cujo cumprimento exclusivamente apontava para o Senhor e salvador Jesus Cristo.

Davi viu a cruz vencida e o túmulo vazio. Mil anos antes enxergou o motivo de seu eterno conforto, confiado de que a vida até seria triste, não fosse a alegria da salvação em nosso Senhor e salvador Jesus Cristo. Aquele que venceu a morte e ressuscitou. A vida seria trágica, não fosse Cristo.

5) Jesus é a Alegria dos Homens:

A Igreja é consolada pela esperança da ressurreição em Cristo Jesus. Assim como o Senhor se identificou conosco em nossa morte, também havermos de nos identificar com Ele, em nossa esplendia ressurreição.

"Alegra-se, pois, o meu coração, e o meu espírito Exulta; até o meu corpo repousará seguro. Pois [tu ó Deus] não deixarás a minha alma na morte...". (v 9-10a).

"Jesus alegria dos homens" é o coral final da cantata "Coração e Boca e Ações e Vida" escrita pelo compositor Johann Sebastian Bach. . "Jesus alegria dos homens" é o motivo dos Salmos de Davi. "Jesus alegria dos homens" é o motivo da vida todos aqueles que foram transformados pela esperança da vida eterna.

I – Pois Jesus é Aquele que haveria de vir.

"Portanto não precisamos esperar por nenhum outro".

(At 2.22-36)

"Analogia fidei" ou "analogia da fé" é uma das mais importantes regras da interpretação bíblica. Afirma que a Bíblia deve ser interpretada primeiramente pela própria Bíblia. Principalmente em se tratando de um texto profético como o Salmo 16.

Recorramos então, a interpretação deste Salmo feita pelo Apóstolo Pedro no Livro de Atos, Capítulo 2, versos 22 a 36. O que é chamada de "Interpretação Autorizada", pois foi inspirada pelo próprio Espírito Santo de Deus.

Foi no dia de pentecostes, no sermão inaugural da Igreja do Novo Testamento, quando a cidade de Jerusalém estava abarrotada de peregrinos, e Pedro cheio do Espírito Santo fez uma exposição do Salmo 16, uma pregação "ao ar livre", "um culto na praça".

Apenas dois minutos de pregação e mais de três mil almas convertidas e rendidas à seguinte conclusão: Jesus é Aquele que haveria de vir. *"Este Jesus, que vós crucificastes, Deus o fez Senhor e Cristo" (At 2.36).*

"Vós o matastes, por mãos de iníquos. Mas pela poderosa mão de Deus foi ressuscitado: rompendo os laços, os grilhões da morte, por que não era possível que ele fosse retido por ela" (Atos 2.23). Estejam absolutamente certos de que Jesus é Aquele que haveria de vir.

A ressurreição de Jesus é prova cabal de que Ele é o tão esperado Messias: *"Varão aprovado por Deus, diante de vós com milagres, prodígios e sinais; varão usado por Deus, como bem sabeis, Enviado pelos desígnios e presciência de Deus" (Atos 2.22).*

A) A Única Esperança.

Lembro-me do dia que telefonei para uma Sinagoga em Belo Horizonte e me identifiquei como estudante de teologia fazendo uma pesquisa. Muito bem atendido fiz ao rabino uma única pergunta: "mestre, qual é a tradicional expectativa judaica sobre o Messias". No que gentilmente o Rabino Nissim Katri me respondeu: *"Toda criança judaica deve ser educada na esperança da vinda do Messias."*[3]

Ah, queridos leitores, gravemos isto: não há ninguém como o nosso Deus, tão habilidoso e capaz de enriquecer o coração do mais pobre dos homens. Deus é capaz de fazer um pedinte se tornar um arrojado investidor.

E quão arrojados investidores foram Adão e Eva, esperando da promessa de uma santa "semente". Noé, esperando da arca salvadora. Abraão, Isaque, Jacó... Enfim, todos esperando em Deus. Homens e mulheres que tinham como única e especial riqueza a esperança em Deus.

Como foi arrojado investidor Davi: *"Ainda que a morte me alcance, repousarei seguro"*. E com a exceção do profeta Elias e Enoque, todos foram alcançados por ela e lançados ao

[3] "A 12.ª Lei do Caderno de Crenças Básica ensina que toda criança judaica deve ser educada na esperança do Messias".

pó. A morte visitou os pais e os filhos. O homem que veio do pó, ao pó retornou.

Todos foram vencidos. Sacaram suas armas contra ela mas foram alvejados primeiro. Não há espadachim que ela não traspasse, nem boxeador que ela não leve à lona. Não há enxadrista que não ouça tal "xeque-mate". A morte é uma dama indomável.

Peço licença a todos agora, pois acho que estou cometendo uma indelicadeza. Estou falando de alguém como se estivesse distante, ausente de nós, posto que cada segundo que passa é um segundo que passamos: lembres que a morte é uma realidade presente, estamos todos indo...

B) O Vitorioso Filho de Deus.

Contundo, essa não nos é uma causa perdida. Lembremo-nos de Abraão que pediu para ser sepultado junto à sua parentela, quando morresse. Lembremo-nos dos ossos de José que não foram deixados no Egito, quando o povo hebreu fora liberto daquela escravidão.

Lembremo-nos do túmulo de Davi na cidade de Jerusalém, por causa da esperança! A esperança que eles confessavam. A esperança de que um dia a morte seria vencida por Aquele que haveria de vir. E quando ressuscitassem estariam ao lado das pessoas que mais amavam.

Lembremos de que este dia está próximo. Lembremos de que Jesus sacou primeiro, nosso incomparável espadachim venceu. O imbatível pugilista. O inigualável enxadrista fez a morte ouvir pela primeira vez: "xeque-mate". *"Tragada foi a morte pela vitória" (1 Co 15:54).*

Portanto, com muito amor e respeito, afirmo que as criancinhas não precisam mais serem educadas na esperança da vinda do Messias, pois devem estar absolutamente certas de que a este Jesus, Deus o fez Senhor e Cristo.

Queria que todas as crianças soubessem no mundo inteiro que a vida até seria triste, não fosse Cristo. A celebrada ressurreição de Jesus prova que Ele é o Messias. Ele é Aquele que haveria de vir, em não precisamos esperar por mais ninguém. Não há outro tão generoso e tão poderoso como Jesus. “Tragada foi a morte pela vitória [de Cristo]” (1 Co 15.54).

II – Jesus é Aquele a quem ninguém se compara.

"Portanto não precisamos confiar em nenhum outro".

(At 13.34-37).

O segundo motivo pelo qual podemos ter esperanças da ressurreição de Jesus é que Ele é Aquele a que ninguém se compara. Invoquemos agora a interpretação de outro apóstolo. O Apóstolo Paulo também interpreta o Salmo 16.

Eis outro bem sucedido sermão: cerca de dois minutos pregação e quase toda a cidade se afluiu para ouvi-lo na semana seguinte, diante da bendita conclusão:

"Tomai, pois, irmãos, conhecimento de que se vos anuncia remissão de pecados por intermédio deste; e, por meio dele, todo o que crê é justificado de todas as coisas das quais vós não pudestes ser justificados pela lei de Moisés". (At 13.38, 39)

Paulo, divinamente inspirado, toma a mesma porção da Palavra de Deus para dizer quê: "A ressurreição de Jesus prova que Ele é Justo de Deus".

Se compararmos o sermão de Pedro em Jerusalém com o sermão de Paulo em Antioquia fica evidente a grande semelhança entre as duas mensagens.

As estruturas são basicamente as mesmas, contudo levando a conclusões diferentes: Enquanto Pedro discorre para dizer que Jesus é o Messias, Aquele que haveria de vir; Paulo conclui que Jesus é o Justo e o libertador daqueles que creem. Conforme se observa no quadro abaixo:

Jerusalém - Ano 33 d. C. O Discurso de Pedro Atos 2.22-36	**Antioquia - Ano c. 49 d. C. O Discurso de Paulo Atos 13.34-34**
Vocativo: "*Varões Israelitas,*" *(At 2.22).*	**Vocativo:** *"Irmãos, descendência de Abraão e vos outros [gentios] os quais temeis a Deus," (At 13.26).*
Prerrogativa: "*Atendei a estas palavras:" (At 2.22).*	**Prerrogativa:** *"...a nós foi dada a palavra da salvação." (At 13.26).*
Introdução: "*Jesus, o nazareno, varão aprovado por Deus diante de vós com milagres, prodígios e sinais, os quais o próprio Deus realizou por intermédio dele entre vós como todos sabeis;" (At 2..22).*	**Introdução:** *"...embora não achasse nenhuma causa morte [em Jesus]," (At 13. 28)*
1.° Ponto: *"...vós o mataste crucificando-o por mãos de iníquos;" (At 2.23).*	**1.° Ponto:** *"...os que habitam em Jerusalém e as autoridades, não conhecendo a Jesus, nem os profetas que se leem todos os sábados quando o condenaram cumpriram a profecia... pediram a Pilatos que ele fosse morto." (At 13.27-28).*
2.° Ponto: "*...sendo este entregue pelo determinado designo e presciência de Deus. (At 2.23).*	**2.° Ponto:** *"Depois de cumprir tudo o que a respeito dele estava escrito," (At 13.29).*
3.° Ponto: *"...ao qual Deus porém ressuscitou, rompendo os grilhões*	**3.° Ponto:** *"...tirando-o do madeiro, puseram-no num túmulo,*

da morte, porquanto não era possível fosse ele retido cor ela". (At 2.24).

4. ° Ponto: *"A este Jesus Deus ressuscitou do que todos nós somos testemunhas." (At 2.32).*

5.° Ponto: Cita Joe12.9, um texto profético que fala sobre promessa. *(cf. At 2.16-21).*

6.° Ponto: Cita o Salmo 110.1, um texto que fala da privilegiada posição do Messias. *(cf. At 2.34-35).*

7.° Ponto: Analisa o Salmo 16.7-11. *(cf. At 2.28-25).*

8.° Ponto: *"...seja-me permitido dizer-vos claramente do patriarca Davi que ele morreu e foi sepultado e seu túmulo permanece entre nós até hoje..." (At 2. 29).*

9.° Ponto: *"Sendo, pois profeta e sabendo que Deus lhe havia jurado que um dos seus descendentes se assentaria no trono, prevendo isto, referiu-se à ressurreição de Cristo, que não foi deixado na morte nem seu corpo experimentou corrupção." (At 2.30-31).*

Conclusão: Jesus é o Messias. *(cf. Atos 2.36).*

mas Deus o ressuscitou dentre os mortos;" (At 13. 29-30).

4.° Ponto: *"...e foi visto muitos dias pelos que com ele, subiram da Galiléia para Jerusalém os quais são agora testemunha perante o povo." (At 13. 31)*

5.° Ponto: Cita Isaías 55.3, um texto profético que fala sobre promessa. *(cf. At 13.34)*

6.° Ponto: Cita o Salmo 2.7, um texto que fala da privilegiada posição do Messias. *(cf. At 13.33)*

7.° Ponto: Analisa o Salmo: 16.7-11. *(cf. At 13.35).*

8.° Ponto: *"...na verdade, tendo Davi servido a sua própria geração, conforme o desígnio de Deus, adormeceu, foi para junto de seus pais e viu corrupção. (At 13.36).*

9.° Ponto: *"...Deus o ressuscitou* dentre os mortos para que jamais voltasse a corrupção, desta maneira o disse: e cumprirei a vosso favor as santas promessas feitas a Davi. Por isso também diz em outro salmo: não permitirá que o seu Santo veja corrupção." (vv. 34-35)

Conclusão: Jesus é Justo. *(cf. Atos 13.38-39)*

A) A Dor que veio do Éden.

Quão preciosa é para nós esta santa Justiça revelada nas Escrituras. Infelizmente corremos o risco de passarmos por ela distraídos, pois nem sempre temos noção das realidades que nos cercam. Pensamos em coisas graves como meras definições ou conceitos.

Pensemos por um instante na palavra "pecado" como bem define o Breve Catecismo de Westminster: *"Pecado é qualquer falta de conformidade com a lei de Deus, ou qualquer transgressão desta lei"*[4].

Tal definição à primeira vista não nos parece tão terrível assim. O termo "pecado" não nos parece tão grave quanto verdadeiramente o é. Esta falta de conformidade com a Lei de Deus corre o risco de soar em nossos ouvidos como um mero tropeço, quando na verdade foi e é uma catástrofe de primeira magnitude.

Não saberíamos disso não fosse a Revelação das Escrituras e a mui sábia e santa didática de Deus. Portanto estejamos absolutamente certos de que "a morte" é a resposta do próprio Deus à pergunta sobre: "o que é o pecado?". Pois a

---

[4] Breve Catecismo de Westminster pergunta 14

morte não é só uma sentença. É também um sinal para que saibamos o quanto Deus se entristece com o pecado. Se quisermos saber o que Deus sentiu no Éden, a tristeza que o pecado causou e causa no Santo coração de Deus recorramos aos funerais e sepultamentos de nossa raça.

Visitemos um velório, encaremos por um instante a dor do outro, as lágrimas incontidas dos entes queridos, a inquietação dos amigos. Perceba a atmosfera de dor que angustia a todos. Olhe os filhos aflitos, sinta as saudades e os remorsos. Estão todos ali: Deus, o homem e a dor do luto, como no princípio, no primeiro dia da queda de Adão.

Então agora tudo faz sentido, pois a morte é terrivelmente a consequência do pecado de Adão. Causou a separação entre Deus e o homens e somente Deus pode fazer o caminho de volta, somente Deus pode buscar e consolar o aflito. Somente Deus pode encontra esse perdido pecador.

B) A Cura que veio do Céu.

Lembremo-nos de que Jesus Cristo é o santo remédio de Deus, a única esperança da consolação, enviado pelo Deus de toda consolação.[5] Veio para morrer e dar sua própria vida em favor dos homens perdidos.

A morte de Jesus revela o clímax da injustiça humana, que o condenou mesmo sendo comprovadamente um inocente. Revela o clímax do amor divino, ao entregar seu santo Filho para morrer em lugar dos tristes filhos de Adão. O Justo pelos injustos.

Portanto se a resposta à pergunta: "o que é o pecado?" é a morte, logo a resposta à pergunta: "o que é o perdão?" certamente é: a vida eterna em Cristo Jesus.

A ressurreição não é uma resposta ao desejo humano pela imortalidade, mas sim uma resposta ao desejo divino pela justiça. A exclusiva justiça de Jesus que foi colada sobre nós, em nossa conta, pela fé, nos garante o perdão.

A ressurreição de Jesus prova a perfeita justiça dele. A morte não poderia detê-lo, posto que nunca se achou em Cristo dolo algum. Ele é aquele a quem ninguém se compara.

---

[5] *"Bendito seja o Deus e Pai de nosso Senhor Jesus Cristo, o Pai de misericórdias e Deus de toda consolação!" (2 Coríntios 1.3)*

Muitas religiões, e o mundo está entupido delas, são baseadas em conceitos filosóficos. Porém as quatro maiores religiões do mundo fundamentam suas crenças em seus líderes:

O judaísmo, por exemplo, confessa que Abraão é o Pai da Fé, e o faz bem em confessá-lo, embora tenha morrido de velhice e fora sepultado por seus filhos cerca de 1900 anos a. C.

O mais antigo e confiável fragmento de literatura budista diz o seguinte sobre a morte de Buda: "Quando ele morreu, estava completamente morto, de modo que absolutamente nada restasse".[6]

Maomé nasceu em 571 d.C. e morreu em 632, aos 61 anos, em Medina, onde sua tumba é anualmente visitada e reverenciada por milhares de devotos do islamismo.

Entre todos os sistemas de crenças do mundo atual e do passado, com todas as suas religiões, apenas o cristianismo declara que seu fundador Jesus Cristo é Deus e está vivo, tendo ressurgido da morte. Venceu a morte e Ressuscitou.

"Temos uma prova de nossa religião que vós não tendes da vossa", disse um muçulmano a um pregador cristão:

---

[6] Digha Nikaya 16 – Mahaparinibbana Sutta "O Grande Discurso do Parinibbana": *"6.23. E quando o corpo do Abençoado [Buda] foi cremado, o que tinha sido pele, músculos, tendões, líquido sinovial, tudo isso desapareceu e nem mesmo cinzas ou pó restaram, só relíquias restaram". Fonte: http://www.acessoaoinsight.net/sutta/DN16.php#R47. Acessado em 18.01.2018*

"pois quando vamos a Arábia encontramos o túmulo do Profeta, e isto é prova de que ele viveu, mas indo a Jerusalém não encontrais o túmulo de Jesus. Não tendes, como nós, a prova de que Ele viveu".

"Realmente", replicou o cristão, "não temos túmulo na nossa religião porque não temos um defunto. Nosso evangelho não termina num cadáver, mas num Conquistador; não numa tumba, mas numa vitória"[7].

A ressurreição de Jesus prova que ele é Justo. Jesus é aquele a quem ninguém se compara. A única cura para a tristeza dos filhos de Adão.

E foi esta esperança que fez Davi cantar c pular de alegria. *"Alegra-se, pois, o meu coração, e o meu espírito exulta; até o meu corpo repousará seguro" (Sl 16.9).*

---

[7] STANLEY, E. Jones. *O Cristo de Todos os Caminhos*, Imprensa Metodista, SP, 254 p.

Conclusão:

A igreja está segura, pois mesmo que as lágrimas corram por nosso rosto, por fim molhará o leve sorriso de nossos lábios. Esta dor que sentimos agora pela saudade de nossos amados não poderá ser comparada a alegria do reencontro.

A igreja está segura, pois Aquele que fez a promessa é fiel para cumpri-la, como bem disse Jó: *"Bem sei que tudo podes, e nenhum dos teus planos pode ser frustrado". (Jó 42.2)*

Mesmo que entristecidos pelas saudades, somos consolados pela esperança da vida em Cristo Jesus. Ele é Aquele que haveria de vir: "O Messias". Ele é Aquele a que ninguém se compara: "O Justo". Identificou-se conosco em nossa morte para que um dia também possamos nos identificar com Ele em sua ressurreição. Chorou nossas lágrimas para nos dar de suas alegrias.

Como escreveu o Apóstolo Paulo a igreja sofredora em Roma:

> "Porque eu estou bem certo de que nem a morte, nem a vida, nem os anjos, nem os principados, nem as coisas do presente, nem do porvir, nem os poderes, nem a altura, nem a profundidade, nem qualquer outra criatura poderá separar-nos do amor de Deus, que está em Cristo Jesus, nosso Senhor" (Rm 8.37-39).

Aleluia! Estamos destinados ao reencontro e ninguém pode tirar isso de nós. Como nos disse Jesus: "*Eu sou a ressurreição e a vida. Quem crê em mim, ainda que morra, viverá;" (João 11:25).*

Consoladora Esperança da Ressurreição em Cristo Jesus. Maravilhosa graça que nos deu a esperança de que um dia nós seremos reunidos à nossa parentela, aos nossos amados. "Haverá um só rebanho e um só pastor" (Jo 10.16).

Aqueles que creem e entregaram suas vidas a Cristo estão predestinados a este reencontro. E desde então já podem ser consolados por estas verdades: a vida até seria triste não fosse Jesus Cristo, nosso salvador. Quem enxugará de nossos olhos toda lágrima, agora e par sempre. Amém! Maranata! Vem Senhor Jesus.

Saudade x Esperança

"O que fazer quando não sabemos mais o que fazer? Como lidar com essas emoções mais perturbadoras? Em que podemos nos agarrar nessas corredeiras indomáveis que nos lançam contra as pontiagudas rochas das saudades?"

"Precisamos falar sobre isso. Tocar nesse assunto é o papel deste livro como uma mão estendida ao leitor, para que segure ao passar por ela e seja trazido para a segurança da margem, onde possa ficar de pé, encharcado, porém protegido".

Tchai Hoth - Tchaikovski Hoth da Costa Porto é pastor da 2.ª Igreja Presbiteriana de Alto Caparaó desde 2011, casado com Geane M. Bastos e tem dois filhos: Lucas e a esperada Laura. Bacharel em Teologia pelo Seminário Teológico Unido, Seminário Presbiteriano Denoel Nicodemos Eller, e Universidade Presbiteriana Mackenzie, com especialização em Psicanálise Clínica pela Sociedade Latino Americana de Psicanálise. Tem disponibilizado seus sermões escritos e editados como livretos no Blog *https://luzpvida.blogspot.com.br/. Entre eles: Vencendo a Ansiedade, Surpreendidos pelo Amor de Deus, o Grilo e a Esperança (Livro Infantil).* ***Contato:*** *tchaihoth@hotmail.com*

Printed by Books on Demand GmbH, Norderstedt / Germany